POEMAS PARA INCOMODAR E DESPERTAR A ALMA

POEMAS PARA INCOMODAR E DESPERTAR A ALMA

Sthefani Lima

Copyright © 2021 by Editora Letramento
Copyright © 2021 by Sthefani Lima

Diretor Editorial | Gustavo Abreu
Diretor Administrativo | Júnior Gaudereto
Diretor Financeiro | Cláudio Macedo
Logística | Vinícius Santiago
Comunicação e Marketing | Giulia Staar
Assistente Editorial | Matteos Moreno e Sarah Júlia Guerra
Designer Editorial | Gustavo Zeferino e Luís Otávio Ferreira
Capa | Sérgio Ricardo da Silva Filho
Revisão | Ana Duarte
Diagramação | Isabela Brandão

Todos os direitos reservados.
Não é permitida a reprodução desta obra sem
aprovação do Grupo Editorial Letramento.

Dados Internacionais de Catalogação na Publicação (CIP) de acordo com ISBD

L732p	Lima, Sthefani Santos	
	Poemas para incomodar e despertar a alma / Sthefani Santos Lima. - Belo Horizonte : Letramento ; Temporada, 2021. 108 p. ; 14cm x 21cm.	
	ISBN: 978-65-5932-060-8	
	1. Autoajuda. 2. Poesia. 3. Mulher. 4. Cura. 5. Poetisa. 6. Empoderamento. 7. Resiliência. 8. Feminismo. 9. Introspecçao. 10. Reflexao. I. Título.	
2021-2041		CDD 158.1 CDU 159.947

Elaborado por Vagner Rodolfo da Silva - CRB-8/9410

Índice para catálogo sistemático:
1. Autoajuda 158.1
2. Autoajuda 159.947

Belo Horizonte - MG
Rua Magnólia, 1086
Bairro Caiçara
CEP 30770-020
Fone 31 3327-5771
contato@editoraletramento.com.br
editoraletramento.com.br
casadodireito.com

Grupo Editorial
LETRAMENTO

Temporada é o selo de novos autores do
Grupo Editorial Letramento

Para minha mãe,
minha irmã Larissa
e minhas amigas, Rebeca e Juliana.
Obrigada por acreditarem na minha escrita.

9
Poemas para incomodar

43
Poemas para despertar

97
Poemas para contestar

POEMAS
PARA INCOMODAR

Vim aqui para falar,
tenho muito para contar.
Sobre vida, morte e transformação,
coisas que eu levo em meu coração.
Não se espante se eu não te agradar
com as verdades que eu insisti em ocultar,
mas pense, sinta e faça comigo essa reflexão,
deixe-se tocar...

Tenho um segredo para confessar;
eu nunca cri no amor.
Nunca cri quando diziam que me amavam.
Foram poucos que o fizeram
de suas maneiras egoístas,
monótonas ou indecisas.
Como poderia acreditar?
Preferi crer em histórias
tão enfeitadas e surreais
para serem consideradas.
Preferi criar minhas próprias histórias
e enxergar sinais que nunca existiram.
Tudo porque a realidade eu conhecia bem.
A ausência de amor. A total falta dele.
O que vi e continuei vendo
foram tentativas frustradas
de camuflar essa ausência e de compensá-la.
Não conheci nem acreditei no amor,
assim como não conheci a felicidade,
mas me distrai a perseguindo.
Eu quero ser honesta comigo mesma.
Eu nunca amei.
Eu sempre esperei...
uma resposta, um olhar ou atenção.
Vaguei por aí como uma andarilha,
mendigando faminta o pão que nunca me saciou.
Eu comi desse pão, mas ele nunca me alimentou.

Nunca amei, nunca senti, nunca me entreguei,
me deixei descobrir ou desvendar.
Foi tudo brincadeira, teatro e encenação.
Escolhi, no entanto, as peças certas para o jogo
e os atores ideais para meu espetáculo.
Pois também eles só brincavam, só faziam de conta,
só fingiam acreditar e se deixavam enveredar.
Só atuavam, interpretavam seus papéis e repetiam suas falas.
Sem se preocuparem em conhecer a história,
nem o autor, e muito menos o desfecho.

A farsa dos meus amores.

Contida

Sempre fui atraída pelo caos,
pela desordem, o malvisto,
o desajustado e torto.
Imediatas identificações!
Com o que não anda na linha,
não obedece às normas
e não compreende estruturas e regras.
Essa atração foi por vezes não correspondida.
O perigo escorria pelas minhas mãos,
as aventuras fugiam das minhas garras
de animal enjaulado,
privado de caçar, de ser e de existir livre.
Por isso fui na contramão,
pelo descaminho dos que vivem a vida
como uma passagem penosa,
entediante e limitada.
Quando domesticamos o que nasceu
para ser selvagem e solto
nós o rendemos débil, incapaz e deficiente.
Anos de jaula me tiraram as forças,
a destreza e a agilidade.
E uma vez de cara com a liberdade,
receei deixar a prisão.
O cativeiro virou lar, zona de conforto
e refúgio protetor.
Hoje, temo o que tanto desejei
e nego o que tanto quis.
As gaiolas agora são imaginárias.
Na verdade, elas sempre foram.

Gestações interrompidas

Quantos sonhos enterrei!
Foram filhos que não puderam crescer,
não vingaram de tão fracos.
Foram abortados ou descartados
pela minha incapacidade de nutri-los e desenvolvê-los.
Por vezes simplesmente as circunstâncias
não me permitiram dar-lhes vida ou vê-los crescer.

Eu olhei com os olhos do amor
Para tudo aquilo que me perseguia,
me desfazia e dilacerava.
Eu olhei com os olhos do amor
Para tudo aquilo que eu temia e não enfrentava.
Encarei com profundo olhar de tristeza e cansaço,
mas mesmo assim, com amor.
Aquele amor que só precisa entender e acolher.
Porém, desacostumado e inexperiente
vacila, tropeça e se aflige.
Eu me deparei com a noite interior da minha alma,
sem estrelas, sem lua e sem mistérios.
Eu era noite silenciosa e solitária.
Desejei ver o dia intensamente.
Ansiei pela aurora e pelo brilho do sol
irradiando tudo por dentro.
Eu orei bem baixinho...
– preciso e quero que amanheça em mim.

Dificilmente conto com os obstáculos,
com as derrapadas e os tropeços.
Prefiro não pensar neles, portanto,
eles são meus companheiros constantes de estrada.
Vou andando por aí como quem achou
um oásis em meio ao ermo.
Porém, ao chegar perto,
constato decepcionada a miragem criada.
Minha vida é deserto!
Árida, seca e inóspita.
A vida acontece apenas
nos recantos escondidos
de maneira sorrateira e despercebida.
Abrigo todo um ecossistema adaptado
a condições extremas e falta constante.
Permaneço inexplorada, por não poder
oferecer refúgio àqueles que trafegam em meus domínios.

Nesses últimos anos, fiz muita coisa
sem me questionar ou refletir.
Simplesmente segui o fluxo das circunstâncias,
das pessoas ao meu redor
e das situações que me aconteciam.
Obedeci às regras que me ditaram,
amei àqueles que se apresentaram,
comi o que me serviram,
e repeti o que me sopraram aos ouvidos.

Por favor, me vê uma dose
de algo mais que não seja solidão!
Beberei tudo num só gole,
beberei tudo num só gole com paixão.

No meu mundo impero!
Mando e desmando,
cumpro e obedeço às ordenanças
nascidas da minha vontade.
Deus sou eu, a lei sou eu,
em mim estabeleço a ordem e o caos.
Minhas vontades, meu deus,
minhas inclinações, meu deus,
minhas dúvidas,
minhas angústias,
minhas penas,
meus vícios,
meus pedaços e artifícios.
São meus, tão meus!
Essa sou Eu!
Meus pesares,
minhas alegrias,
aventuras passageiras,
vãs distrações, tantas ilusões!
Enganosas vantagens,
solitária vivência,
esmagadora realidade.
Do que me importa?
Deus sou eu!
Deus de mim,
deus dos outros,
deus da verdade,
deus da justiça,
deus da descrença
ou deus da mentira?
Deus? Eu?...

De todos esses que penso que amei,
não me restou nada.
Nem lembranças, nem sensações,
amizades ou arrependimentos.
Só restaram mesmo vagas memórias,
muitas vezes envergonhadas do que foi sentido,
pois viver, não vivi.
Foram quase tentativa e nada além disso.
Sou covarde e pago o preço da covardia.
Que é esse de viver entre as sombras,
perante lamentos de quem não soube
seguir adiante, temendo sempre o descaminho,
o tropeço e o descompasso.
Sou quase como um fantasma
que há muito não vive e nem da sua vida tem memória.
Porém, permanece entre os vivos
para que esses o lembrem de quem era.
Estes também não lembram nem querem fazê-lo.

Me fiz invisível ao longo desses anos. É difícil definir os motivos, complicado explicar os porquês. Fugi mais de mim mesma do que dos outros. Tive mais medo de revelar do que de descobrir, mais receio de falar do que de ouvir. Então, me escondi. Me escondi por todos esses anos até tornar-me invisível. Até me tornar quase como um fantasma. Dizem que os fantasmas são vistos apenas pelos olhos dos sensíveis ou dos loucos. Talvez seja por isso que os tive por companheiros. Por momentos, gente louca, disfuncional e à parte. Em outros, seres sensíveis, diferenciados, porém distantes. Por isso permaneço assim uma aparição! Ora um ser real e palpável, ora uma miragem fluida demais para adquirir forma ou fazer algum sentido.

Acordou em pavor pela segunda vez naquela semana. Teve aquele sonho amedrontador outra vez. Nos últimos meses vem sonhando que está sozinha em casa quando percebe que as portas estão abertas. Sente que algo pode acontecer a qualquer momento. Sente o perigo se aproximando. O visualiza de tal maneira que quase pode ouvi-lo ou apalpá-lo. Nunca há ninguém no sonho além dela mesma e daquele espectro pavoroso, aquela sensação estranha e angustiante. Não há nada além dela mesma naquela casa, e apesar de todo o medo, as portas sempre aparecem abertas... A ameaça sempre esteve do lado de dentro e não fora. Queria libertar-se de si mesma, pois era refém naquele abrigo que criou. Queria, na verdade, poder deixar aquelas portas escancaradas e aprender a lidar com os possíveis perigos e assombros noite à fora.
Não era só um sonho. Era também um alerta.

Terror noturno

A vida não perdoa os sonhadores! Ela não poupa os idealistas e nem os românticos.

A esses ela mata lentamente, com calculada crueldade. A Vida os seduz e os atrai, usa de suas próprias ilusões e depois os devora e os consome até que não restem mais ideais ingênuos.

Até que não restem mais suspiros, corações palpitantes e pernas trêmulas.

Acho que sou feita de fracassos!
Aos olhos do mundo, sou apenas
tentativa e nunca conquista...

Não sei reconhecer amor e cuidado,
então tomo tudo por ofensa e controle...
Me engasgo com moscas temendo engolir camelos.
Como não sei diferenciar sentimentos
nem a demonstração deles,
me aparto dos mesmos evitando o que desconheço.
Bicho que não aprendeu a externar,
Mas apenas a interiorizar.
Me tornei minhas mágoas
Me transformei em falhas
Pareço loucura
Me metamorfoseio de fúria
Meu choro é grito
Minha fala, protesto
Minha alma assombra
Meus olhos apavoram.
Porém, sou eu quem sofre os tormentos.

Tenho o maldito dom de enxergar nitidamente
as debilidades de caráter e defeitos nos outros.
Será que posso enxergar as minhas
falhas com a mesma lucidez?

Eu tenho a impressão de estar sedenta
em meio a um grande deserto,
todos os meus pensamentos e as minhas
vontades pedem por água,
mas tudo o que tenho é vazio e imensidão.
Até quando vou resistir nesses
caminhos desérticos que escolhi.

Travessias

Como eu cheguei até aqui? Eu não consigo dizer, acho que não lembro. É como se tivesse atravessado esses anos, é como se tivesse apenas passado sem realmente estar lá. Quem me ajudou na caminhada, quem me acolheu quando precisei de abrigo? Quem me deu de comer e beber quando desfalecia pelas estradas? Quem? Quem ouviu meu grito espremido e meu pranto desmedido? Quem? Alguém notou quando estive ferida? Alguém se importou ao me ver caída? Alguém? Ou fui apenas caminhando pela estrada, carregando minhas chagas e mágoas? Fui apenas errando sem explicação, esperando algum sentido no ato de caminhar, além da óbvia chegada.

Ânsia existencial

Ontem vomitei histórias e fatos
de um passado assombroso.
Regurgitei lembranças de uma vida mal vivida
Pus para fora mágoas e dores reprimidas.

Tamanho foi o meu enjoo
que vomitei o mundo!
Com suas incoerências
e emoções perigosamente contidas.
O motivo de tal mal-estar?

Enquanto eu me alimentar
dessa vida vazia,
Continuarei a vomitar
palavras, tédio e agonia.
Enquanto eu me alimentar
dessas perguntas sem respostas,
continuarei a regurgitar
essa rotina mórbida.
Que me empurram pela garganta
com ironia enquanto dizem;
Bom apetite!

Tremi paralisada diante da imagem projetada
nas palavras-espelho proferidas.
Você estendeu diante de mim
o tão temido reflexo que evitei encarar.
Encarei apavorada a desfigurada face
do que me tornei sem querer me tornar.

O meu silêncio te machuca,
Não consigo evitar.
É que minha mente
me conduz à lugares
de onde não quero mais voltar.
Minha alma vaga além de mim,
revivendo memórias de momentos
que talvez nunca vivi.

Quando eu me permitir
deixar as minhas ilusões,
quando eu me permitir
voar em outras direções,
talvez eu venha a descobrir
o caminho que escolhi,
talvez você possa vir
ou enfim eu te deixe partir,
eu nunca quis te forçar,
nem usei de artimanhas
para te fazer ficar
eu apenas quis te mostrar
o meu mundo e o meu lar
eu quis te contar minhas histórias,
eu quis te abrir as portas,
mas você não quis entrar.

Sofro de uma ânsia insistente!
Ela contrai todos os meus sentidos
e afeta toda a minha disposição.
Toda a minha vontade de existir, persistir e refletir.
Essa ânsia me altera as vontades, a fome o querer;
me corrói a mente, o pensar e o decidir.
Ânsia constante de tudo o que não se encaixa,
de tudo o que não vai adiante, do que aprisiona e desconcerta.
Enjoo do que vejo, sofro e me submeto.
O ponto é; não sei se posso me curar.
Não sei como é ser curada, nem conheço os que são sãos.
A pergunta é; quem não está nauseado?
Quem não se sente enojado num mundo tão indigesto?

Sou incapaz de transpor as barreiras entre o desejo e a conquista, entre o querer e o efetuar. Não consigo ir além do sentimento ou da intensa vontade. Sempre opto pelo limite, o correto, o que não tira a paz. No entanto, uma coisa é certa; sem riscos sem vivências, sem ousadia, não teremos histórias, se não buscar não acharei, e se não experimentar nunca saberei. Que vida mais indigna essa que nunca excede limites? Vida não vivida, não desfrutada e não saboreada. Que não se desestrutura, que não se transmuta e nem se transfigura. Não se faz nem se refaz, não perde a razão, não segue o coração e nunca vai pela contramão.

Vida! Os nossos olhares se cruzam, mas não
consigo fixá-los por muito tempo.
Tenho medo do que desejo
e tenho vergonha do que almejo.
Queria beber-te por inteira,
devorar-te e lamber os dedos.
Deleitar-me em teus abraços
e abandonar-me nas mais belas aventuras.
Mas me envergonho da nudez da minha alma.
Por isso a cobri com véus de cautela, prudência e retidão.
Vesti o manto do silêncio e da indiferença.

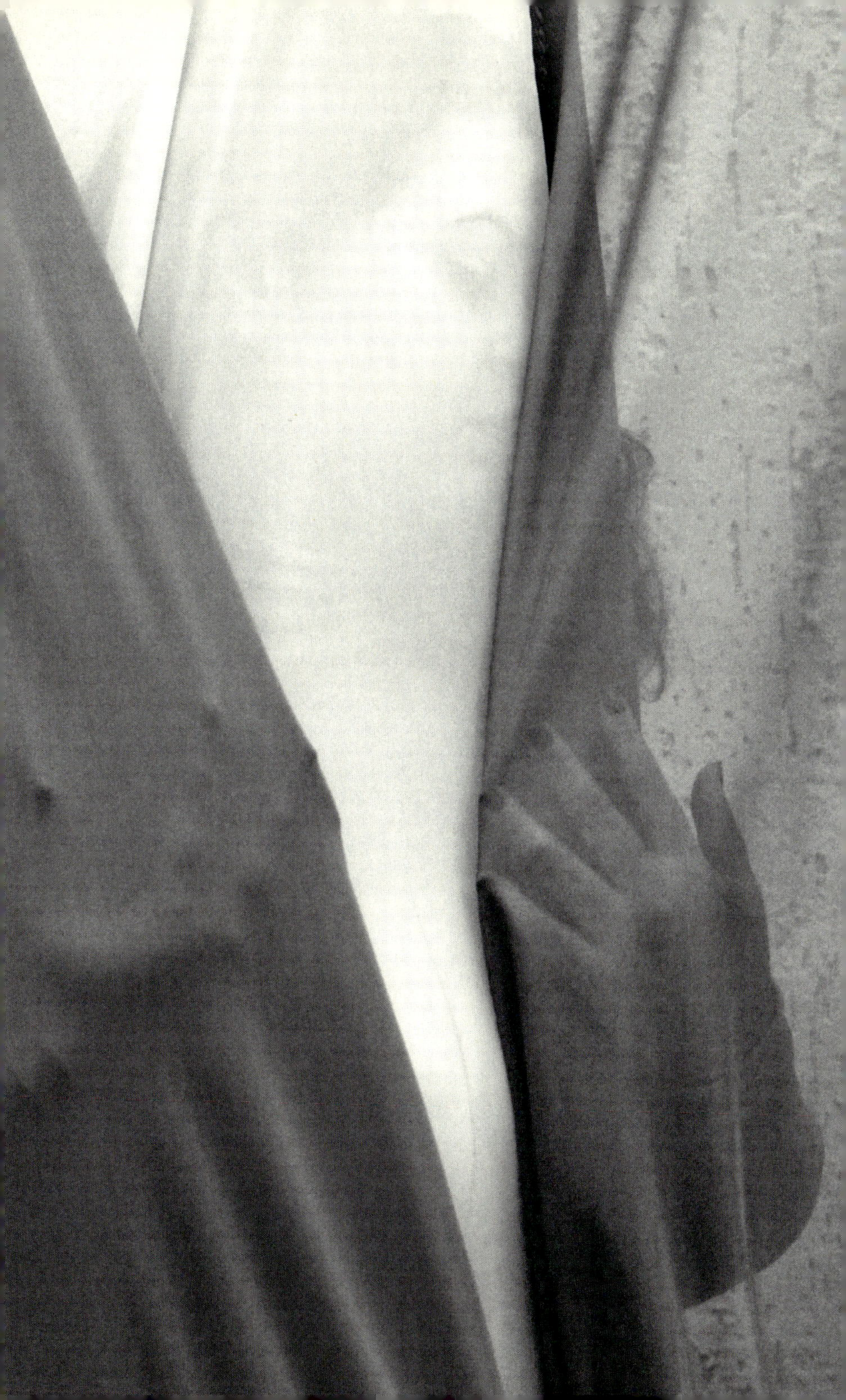

A fera interior nunca acordou,
apesar dos chamados.
Nunca veio à tona,
apesar dos meus gritos.
Por quanto tempo ainda
dormirei esse sono aflito?

INDISCIPLINADA, DISPERSA E EM NEGAÇÃO.
Negação constante dos meus deveres
para comigo mesma e de tudo o que preciso encarar.
Vivo uma vida interior que negligencia
tudo o que vem de fora "incomodar" o lado de dentro.

POEMAS
PARA DESPERTAR

Ah, esses lugares confortáveis nos quais nós nos colocamos.
Quão perigosos eles são! Nós vamos deslizando nossas faltas, aconchegando nossas máscaras, e ali adormecemos.
Não nos damos conta da armadilha que
é esse sono mortal para a alma.
Os lugares confortáveis são esses que
não me permitem a reflexão.
São esses onde ficamos entorpecidos e acomodados, ignorando tudo o que possa nos despertar ou trazer mudança.

Acúmulos

Olho para essa pilha amontoada de desculpas para a vida...
Estou cheia de "não posso", "não quero"
e "não me sinto capaz".
Por baixo de tudo isso, ainda se acumulam
as lutas e batalhas que não aprendi a enfrentar.
Infinitos passos que nunca ousei dar
e caixas e mais caixas das palavras que nunca quis pronunciar.
Estou transbordando de sentimentos inúteis e intoxicantes.
Estou cheia dessa tralha de ideias rígidas e desencorajadoras.
Preciso arrumar a casa e mudar as coisas de lugar.
Esvaziar os armários, a cabeça e o coração.
E quem sabe assim, de casa limpa e arejada, de alma leve
e cara lavada não poderei novamente receber visitas?

Minha casa alma

A minha casa caiu, preciso confessar!
O meu teto ruiu, está para desabar.
Tentei esconder, parei pra pensar,
e quando dei por mim,
já não dava para consertar.
As minhas bases eram falhas
e meus alicerces, tortos.
Não poderiam continuar de pé.

Desde então, vivo constantemente em obras.
Nunca mais serei a mesma depois dessa reforma.

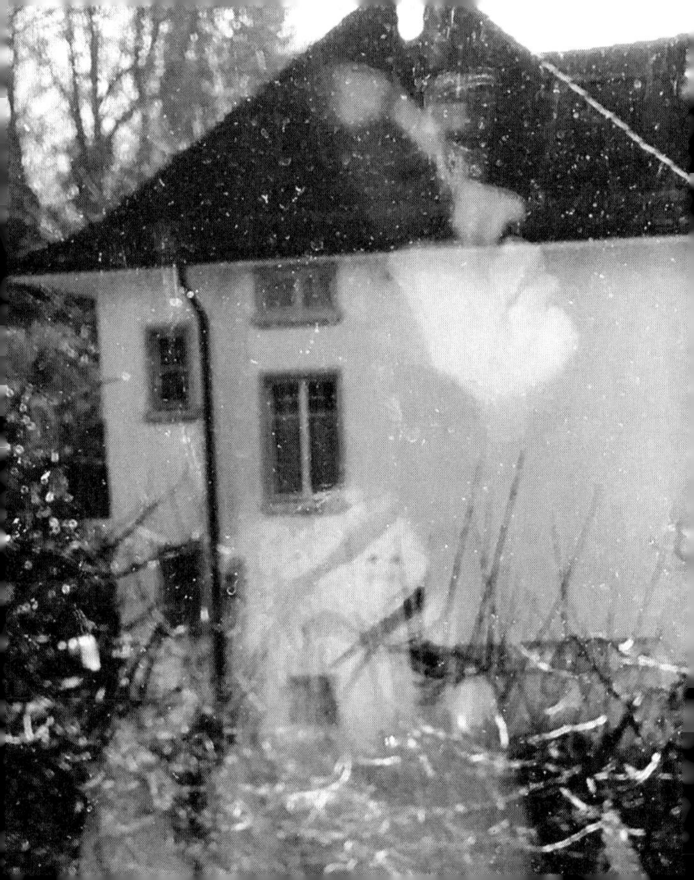

Não sou a única a sentir medo e não sou a única a ter angústias.
Não! Não sou única na minha covardia e nos meus receios.
E a minha maior estupidez é nunca decidir ir, mudar,
saltar, pirar, correr, pertencer, sentir ou amar.
O meu maior erro foi deixar pra lá.
O que não conseguia mudar,
o que não consegui falar ou mesmo calar.
Resta saber, o que me dilacera?
O que me paralisa as pernas?
O que desvia o meu caminho e entorta os meus rumos?
Acho que sempre tive a resposta.
Porém, agora, ela nunca me pareceu tão óbvia.
O que me desconcerta, o que me paralisa,
o que me subjuga e atemoriza sou Eu mesma.

Ela me roubou de mim. Mesmo sabendo de sua culpa, nunca pude confrontá-la. Furtou-me os momentos, surrupiou minha vida aos poucos e quando percebi, tinham-se ido tantos tesouros. Como poderia denunciá-la sem mesmo saber seu nome? Como poderia desmascará-la quando apenas eu notara sua presença? Era como uma sombra a escurecer meus dias, ladra de sonhos e energia, sabotando meus projetos e me isolando do resto. Hoje, finalmente pude reconhecê-la. Depressão, sorrateira e silenciosa. Companheira indesejada, despercebida por tantos e subestimada por outros. Minha dúvida é; poderei ser algum dia restituída? Poderei reaver minhas riquezas interiores tão dilapidadas por tantos saques? Não importa. Se preciso for, reconstruirei tudo do zero.

Eu não quero que o mundo pare por mim.
Eu quero seguir no mesmo ritmo que ele.
Nem quero ou necessito de nenhum privilégio.
Não, não preciso de atalhos!
Quero apenas continuar a caminhar
e chegar ao destino.
Não importando o tempo gasto.

Corações pesados
por tantos fardos carregados
Pesos desnecessários
dos excessos vivenciados.
O tempo não trará de volta
o que deixou de ser vivido.
O que não foi dito,
o grito não expelido.
Então, pra que esperar?
A vida passar, o amor acabar
a saudade apertar, a dor sufocar...
Para que complicar?
Se é tão simples deixa ficar.
À atitude dá forma
ao pensamento que outrora
eu temera expressar.
Acho que só tenho o agora
para dar meia volta e recomeçar.

Tenho mergulhado de cabeça nas águas profundas que eu tanto temia.
A profundidade não me assusta como antes.
Quero descobrir o que existe no fundo.
Talvez o que sempre busquei estivesse o tempo todo escondido.
Embaixo dos meus medos.
Sob camadas e mais camadas de medo...
A cura existe sim!

Finalmente esse mar de emoções
parou de me envolver e de me tragar
Aprendi a navegar nele.
Aprendi a velejar e deixar-me acalmar.
Sem temer o barulho das ondas
Apesar das inconstâncias oceânicas
aprendi a descansar...
Sei que não irei naufragar.

Sou uma mulher de ciclos, de ritos,
de longas passagens e repetições.
Meu tempo não acompanha o relógio ou as estações.
Me recolho no verão e ressurjo no inverno,
no outono floresço e na primavera me desfaço.
Houve quem acompanhou meus passos?
Existiram alguns que tentaram,
mas o ritmo era descompassado, estranho e desafiador.
Perderam o passo, saíram da dança sem
aprenderem a coreografia.

Estou sendo levada pelo mar revolto de minhas emoções. Elas me carregam, me submergem, tornam a trazer-me à superfície, e depois me afogam novamente. Nado sem cessar lutando contra as forças indomáveis de um mar em constante movimento. As ondas de sentimentos atravessam meu peito, tirando-me o fôlego e limitando minha vida. Preciso parar de nadar, preciso conseguir respirar... Decido me entregar, desisto de me debater, pois sei que estou diante de algo maior que minha capacidade de persistir. Deixo-me finalmente submergir. Vou deslizando no profundo dessas emoções. O que na superfície era mar furioso e selvagem, nas profundezas torna-se apenas calma e silêncio. Se antes me debatia, agora danço em liberdade e harmonia. Se antes me afundava em mar de lágrimas, agora, flutuo livre das mágoas. Não nado mais contra a corrente. Agora, eu faço parte dela.

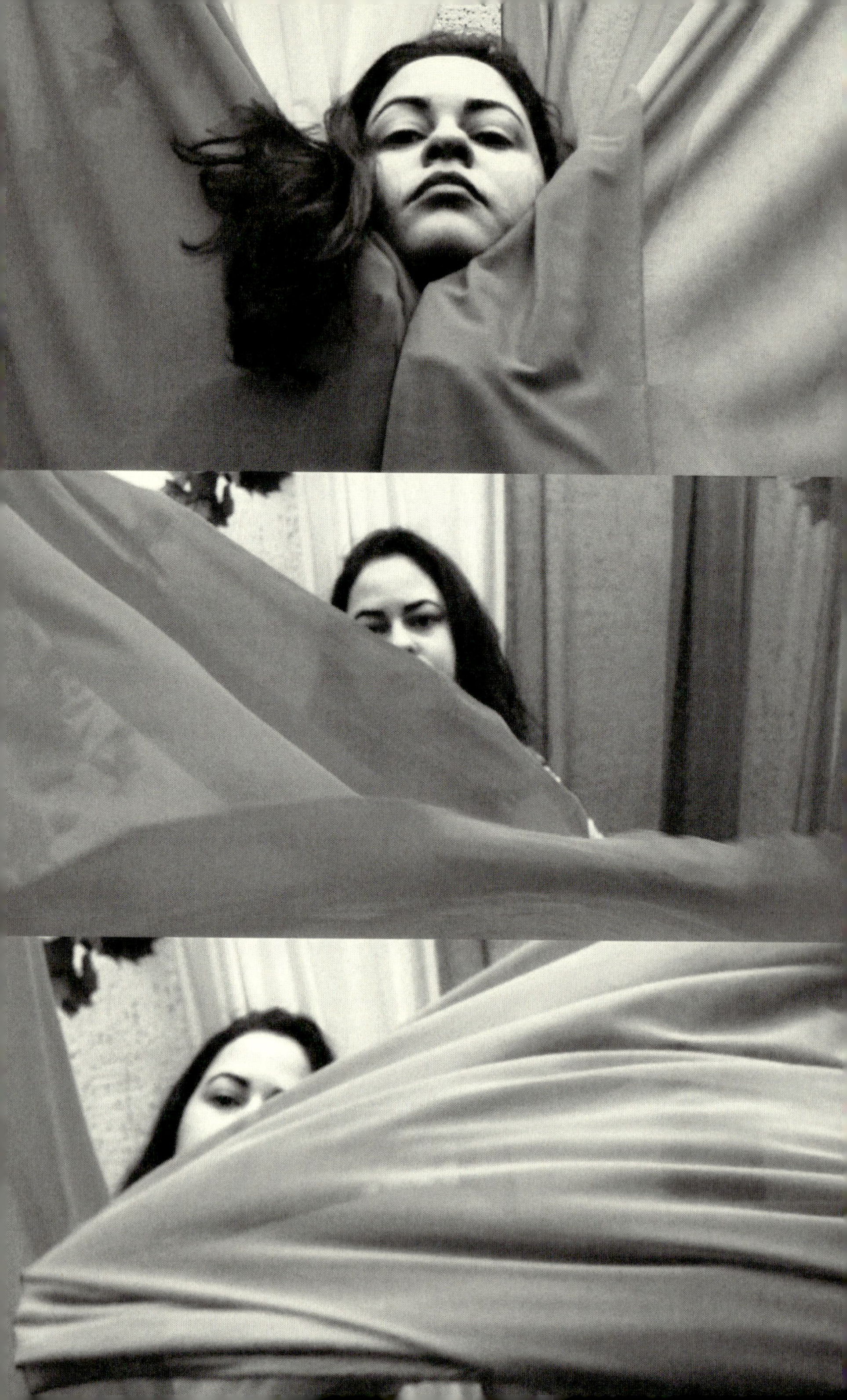

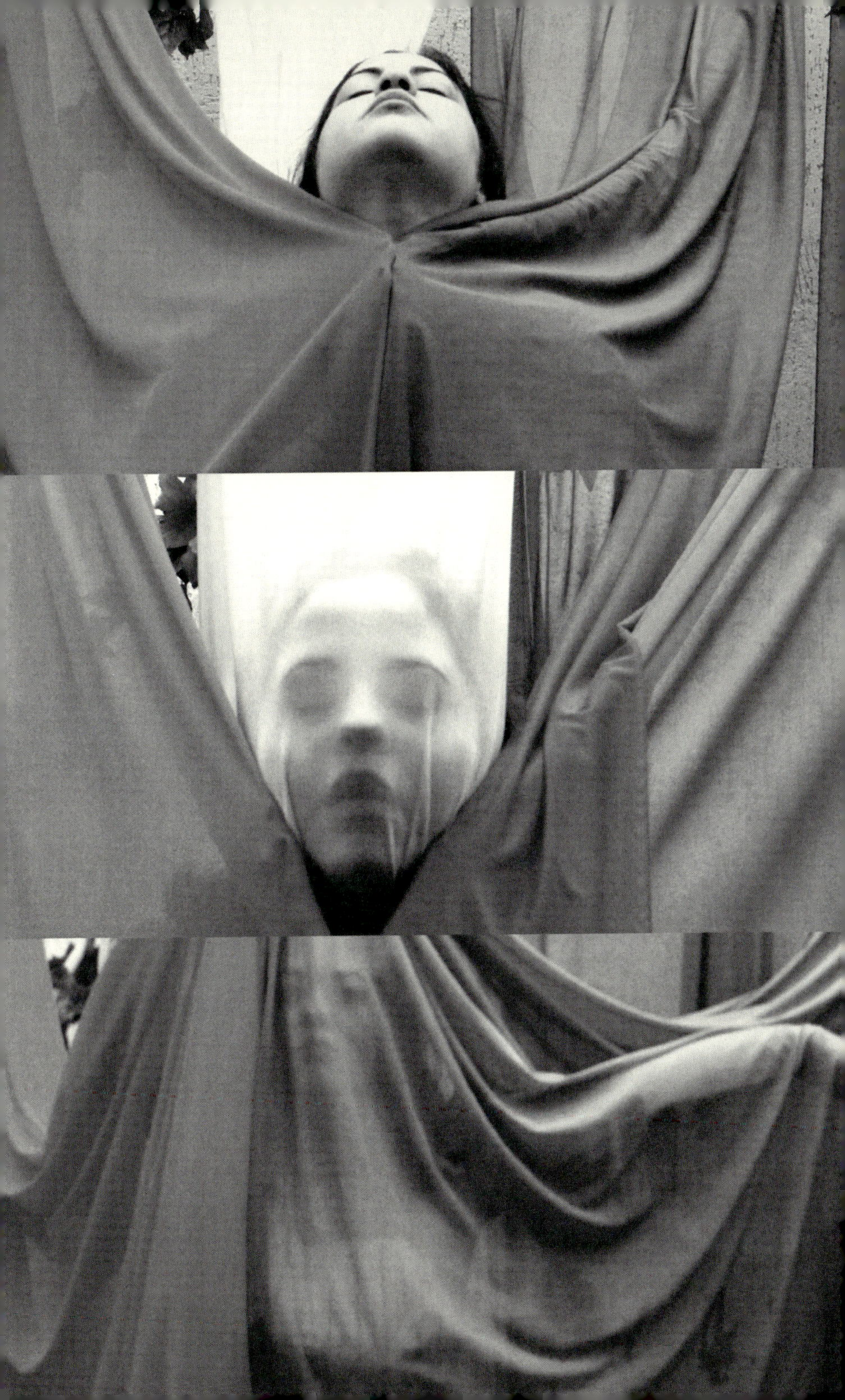

Tenho plena consciência dos grilhões que me prendem
Conheço muito bem as forças que me oprimem.
Todavia, ignoro como poderia libertar-me de tais amarras.
Desconheço estratégias, artimanhas, artifícios e astúcias que possam ajudar-me em tal processo.
Sei apenas que quero ser livre e forte!

O amor morava numa xícara de café,
preparada num fim de tarde
e sorvida entre histórias e afetos.
Morava nas prosas já conhecidas
mas nunca esquecidas.
O amor morava na inteligência aguçada
No humor certeiro, nos chás de cidreira
com pedrinhas de açúcar
e nas noites passadas em claro
cuidando dos infinitos resfriados.
O amor morava nos seus olhos sábios,
às vezes cansados, às vezes perdidos,
mas sempre gentis e vividos.
O amor morou em você de tantas formas
se manifestou em tantos gestos
que acabou se expandindo
e partiu para o universo.
Sorte a minha que ainda restou muito de você em mim.

Vó.

Hoje eu entendo que sempre quis voltar.
Toda essa ânsia, toda essa apatia e essas fugas eram apenas esse desejo renegado dentro de mim.
Implorando para ser ouvido
e clamando para não ser mais abafado.
Hoje eu finalmente o escutei...
Vou voltar pra mim, fiquei longe por tempo demais.

Estou muito feliz dos meus pequenos passos,
das minhas pequenas conquistas e resoluções.
Eu sei, meu tempo é diferente do tempo dos outros.
Os ponteiros do meu relógio avançam lentamente, arrastados
Mas, mesmo assim, continuam prosseguindo.
Meu ritmo é estranho e descompassado
Mas, mesmo assim, nunca parei de dançar.

Desenlace minha alma, desacorrente minhas mãos e meus pés. Pois há muito tenho estado aqui, prisioneira desses acontecimentos que não pude mudar. Dos fatos que não pude contestar e das armadilhas que nunca consegui evitar. Desembaralha esses meus pensamentos, desmistifica esses meus sentimentos. Pois me recuso a permanecer aqui. Nesse lugar de exílio, onde minha voz ecoa num imenso vazio. Eu quero acreditar que não pertenço a este lugar!

Quando eu oro.

Os meus sentimentos vêm me inundando,
como uma barragem que uma vez rompida
não se deixa mais represar ou conter.
Essas águas correm soltas,
selvagens e violentas dentro de mim.
Sem que eu possa direcioná-las
ou interromper o seu curso.
Eu vou desaguar em outros mares.
Quero virar oceano!

Regard déclencheur

O teu olhar despertou uma série de questionamentos em mim.
Foi desconcertante, invasivo e instigante.
Não foi decerto a intenção, porém meu ser o recebeu assim.
Como uma flecha que acerta o alvo.
Alguém olhou com os olhos da curiosidade
para algo em mim há muito esquecido.
Essa parte intrigada despertou e correspondeu ao olhar.

Sobre aceitação

Passamos a vida inteira tentando negar aquilo que somos, tentando encaixar o que não está no lugar ou maquiar as nossas imperfeições. Temos medo de nos descobrir e de nos desvendar. Evitamos nos desvelar para nós mesmos, temor do que podemos encontrar debaixo das camadas de disfarce. Tememos o olhar sobre o nosso retrato oculto, aquele que revela a nossa verdadeira natureza. Tal qual Dorian Gray, escondendo o segredo de sua beleza ilusória. Venho me esforçando para vencer o meu mal. Para derrotar aquilo que penso que me corrói e que pode me desfazer. Hoje, resolvi simplesmente encarar o meu retrato e observar essa tão temida expressão de frente. Me enxerguei, contemplei o que sou.

Abracei as sombras em mim e aceitei as cicatrizes e marcas deste lado tão negligenciado.

Quero ser feliz, apesar de mim mesma.
Quero viver, apesar dos meus receios.
Quero sorrir, apesar da minha angústia
Quero crer, apesar da minha incredulidade.
Quero amar, apesar da minha debilidade.
As barreiras existem primeiramente em mim.

O perdão é realmente libertador!
Quando me dirijo àquilo que me feriu e me magoou com uma atitude de perdão e compreensão, quebro as amarras que nos ligavam. Me libero do fardo.

Vinda de outros planos,
fui trazida pelo acaso,
Guiada por promessas
que nunca se cumpriram.
Conduzida com palavras
que nunca me enganaram,
com a certeza de que o incerto
é onde eu me abrigo.

Não sei se você me comportaria,
Logo eu, que vivo transbordando,
Me derramo em todas as direções,
pois já não posso ser contida
nesses recipientes em que a vida
insiste em me colocar.

Eu amaria mais uma vez,
Antes que o mundo acabasse.
Eu suspiraria mais uma vez,
antes que encontrássemos o fim.
Quando tudo estiver desmoronando
e as trombetas tocarem anunciando
desfechos e conclusões,
eu só desejaria amar e ser amada.
Tocar e ser tocada
Desejar e ser desejada.
Qual outro desejo eu satisfaria
se vivesse tal momento?
A não ser esse de me encontrar envolvida
pele com pele e alma com alma.
A não ser mais uma vez amar
e crer sem receios, que isso é tudo o que importa.

Nós nos enlaçamos ansiando por
momentos de transcendência.
Eu quero ficar fora de mim por alguns segundos.
Mas que ironia! Para isso, eu preciso sentir
outra pessoa dentro de mim por alguns instantes.
Então, começamos nossa dança primitiva e selvagem
criada espontaneamente por nós mesmos.
Sussurros e gemidos nos dão um ritmo.
Nós nos movemos em sincronia
com as batidas aceleradas de nossos corações.
Respiramos profundamente, nos encaramos ofegantes,
famintos e mergulhamos um no outro.
De repente, saltamos para fora de nós mesmos.
Nos perdemos em lugares escondidos do nosso próprio ser.
Desaguamos e transcendemos.

La petite mort.

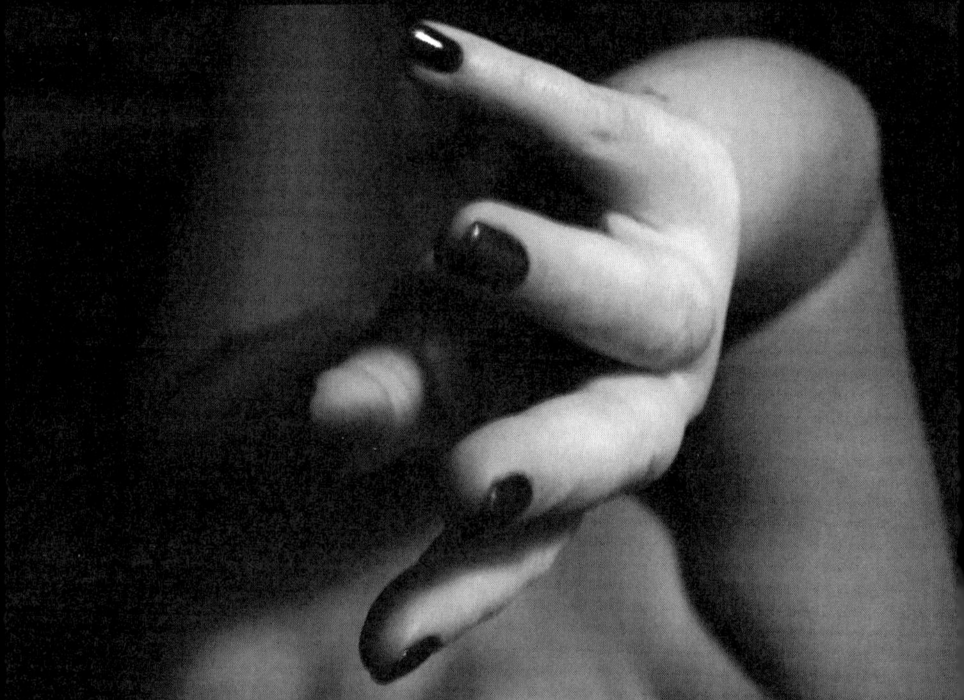

Não há possibilidade de despertar da consciência e de si mesmo sem o outro.

A maneira como eu vejo e percebo o meu próximo diz muito sobre mim. O medo que os outros me causam, as inquietações que minhas relações me trazem, tudo isso me revela de onde provêm minhas feridas e inseguranças. O temor do outro é, na verdade, o receio do que sua presença possa vir a revelar e a trazer à tona em nós mesmos.

Quem é essa que vejo em frente ao espelho?
Com toda essa força,
essa voz e convicção?
Quem é essa que encaro agora?
Despida das mágoas,
liberta dos medos
e desfeita dos arreios.
Quem é essa aí!?
Cheia de si, vazia de limitações,
De peito aberto e indomada,
De cara limpa e alma lavada.
Quem és?
Sim, eu lembro.
Sim, eu te reconheço.
Fui eu quem te tapou
a boca e calou o teu grito.
Fui eu quem te silenciou
para que os outros não ouvissem
teu cantar infinito.
Para que não notassem sua presença
Por quê te invisibilizei?
Por que te reneguei e bani de mim?
Não permiti que vivesse tuas histórias
Não deixei que expressasse amor
Te dei como alimento apenas rancor.
Mas agora te encontro assim;
Nutrida e saciada,
livre e desmistificada
Hoje eu sou você e você
finalmente se estabeleceu em mim.

Eu choro
eu clamo
eu sinto
respiro
me abrigo
desligo
desperto
ouvindo
melodias e rugidos
Eu danço e canto
rodopio e balanço
confesso
protesto
desconstruo
e contesto
o certo e o incerto
as linhas e os versos...

Todas essas coisas já não cabem mais em mim.
Como se fossem roupa velha,
me desfaço de velhos hábitos e prisões.
Eu nem me reconheço mais.
Tudo mudou de repente
Cheguei aonde não poderia chegar
Falei o que não imaginava expressar
e vivi mais do que sonhei alcançar.

Aprendi a me desestruturar e a me desconcertar
Aprendi que o que eu mais quero é me amar.
Sem armas, sem máscaras
Desprovida de qualquer proteção.

Chega mais perto
e libera meu coração.
Desenlaça a minha vida
me cante a tua canção.
Vêm desvendar meus mistérios
e ser a inspiração pros meus versos.

Animus

J'ai envie d'embrasser les côtés inconnus de mon être.
Je veux sentir ses odeurs, écouter leur respiration
et discerner les voix qui susurrent dans ces endroits reclus.
Je veux connaître ces lieux secrets et inexplorés.
Je voudrais les découvrir et les dévoiler.
J'ai envie de m'accrocher à tout ce que me fait sentir vivante,
pleine de moi et dénudée de regrets.
J'ai rêvé d'elle! J'ai rêvé de cette partie
inconnue de moi-même.
De cette partie étrangère à mes yeux mais pas à mon âme.
Nous étions qu'un seul.
Nous dansions joyeusement et nos corps
s'entremêlaient en harmonie.
Nos bouches chantaient la même mélodie.

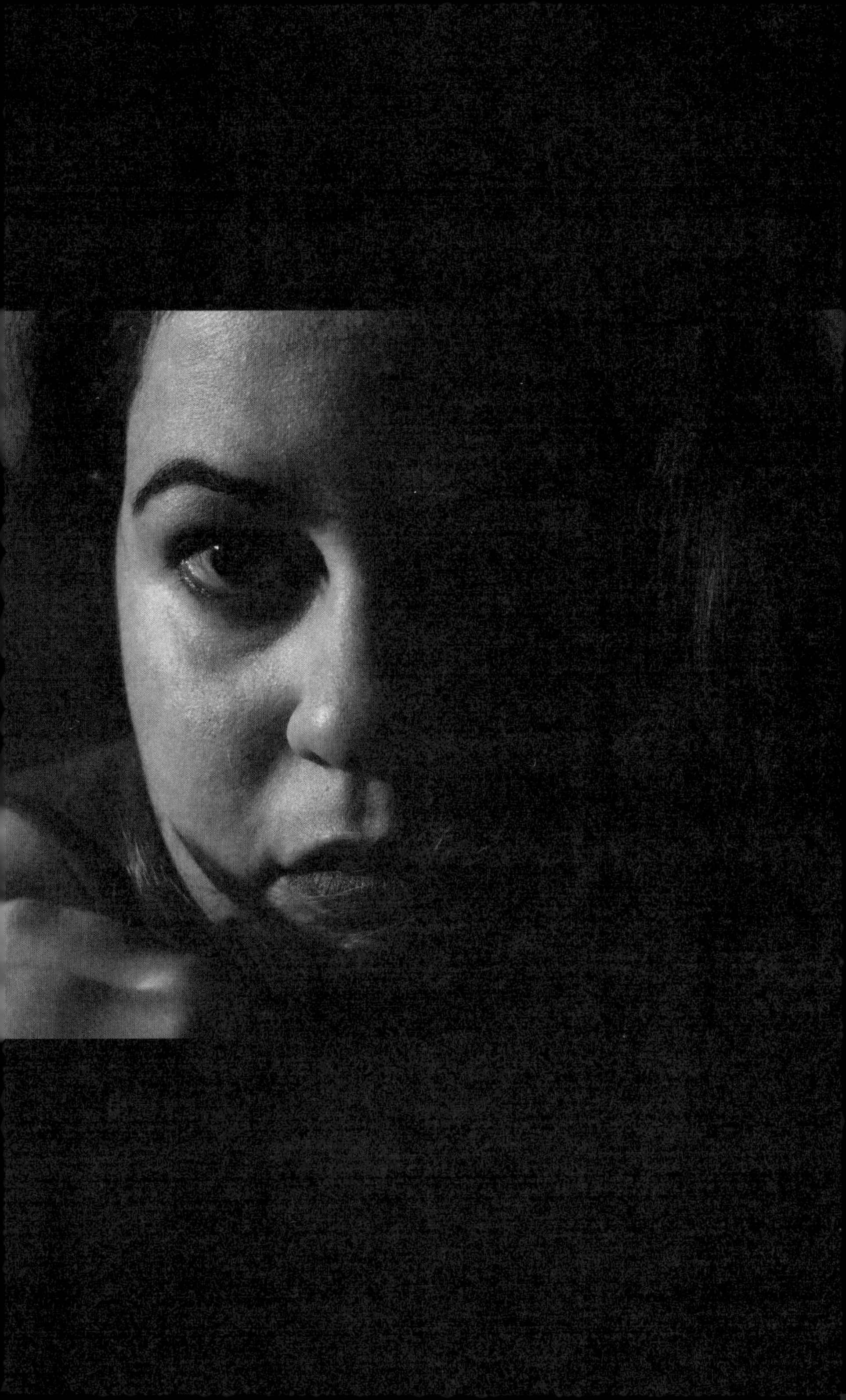

Animus

Eu tenho vontade de abraçar os lados
desconhecidos do meu ser.
Eu quero sentir os seus odores, escutar sua respiração
e ouvir as vozes que sussurram nesses lugares reclusos.
Eu quero conhecer esses espaços secretos e inexplorados.
Eu queria descobri-los e desvelá-los.
Eu desejo ficar agarrada a tudo o que me faz sentir viva,
plena e desnuda de arrependimentos.
Eu sonhei com ela!
Eu sonhei com essa parte desconhecida de mim mesma.
Com essa parte estranha aos meus
olhos, mas não à minha alma.
Nós éramos como um só.
Nós dançávamos alegremente
e nossos corpos se entrelaçavam em harmonia.
Nossas bocas entoavam a mesma melodia.

Muito prazer em te rever!
Eu sou o motivo e a razão
de você não ter se entregado.
Eu fui a porta aberta quando você precisou.
Prazer em te rever!
Eu sou o não dito
e também sou seu Eu reprimido
gritando dentro de você.
Prazer em te rever...

Preciso entender que meus sentimentos e minha capacidade de amar não precisam ser negligenciados porque não souberam ou quiseram correspondê-los. Não preciso deixar de sentir, de me apaixonar ou me privar de amor por conta das frustrações do caminho. A decepção é inevitável quando se quer desfazer as ilusões. Perder é essencial quando queremos conquistar tesouros que nenhuma moeda pode comprar. Continuarei me esvaziando e depois transbordando. Continuarei amando, gostando e desgostando, ficando ou seguindo em frente conforme a vida se mostre e as oportunidades se apresentem. Viverei os ciclos de Vida-Morte-Renascimento, que são os alicerces invisíveis de todo relacionamento humano.

Eu dou pequenos passos em direção ao amor
como quem se recupera de um longo período de debilidade.
Meu caminhar é vagaroso, desajeitado e cambaleante.
Ainda assim, continuo exercitando meus movimentos.
Voltarei a correr para encontrá-lo.
Estou me reabilitando aos poucos.

Um dia, o medo foi tanto
que me imaginei como um muro intransponível!
Mas hoje, eu sou Porta.
Nem sempre aberta,
nem sempre atraente à primeira vista
nem sempre percebida.
Mas, àqueles que souberem bater gentilmente,
àqueles que curiosamente se aproximarem
para ouvir os sons que ecoam de dentro de mim,
Para esses abrirei.
Abrirei de bom grado e de imediato.
Abrirei sem reservas,
e para eles sempre serei Porta Aberta.

Estou em suspensão.
Esse é aquele momento em que se percebe
que nada mais será como antes
e você só tem que se preparar.
Se preparar para sentir,
se preparar para ir
em direções nunca antes exploradas.
Estou em comunhão.
Com essa força que acabei de conhecer
Com esse eu que acabou de se revelar
Com uma voz que acabei de reconhecer
Dentro e fora de mim.
Estou em expansão.

Cheguei ao fundo do poço
apenas para descobrir
a fonte onde nascem às águas
que tanto me saciaram pela caminhada.

Foi adentrando meu próprio abismo
que conheci a causa dos meus abalos sísmicos.

Explorando meu próprio ser,
descobri um universo de possibilidades.

Apenas acessível àqueles que
tiveram coragem de escalar montes
e atravessar desertos interiores.

Toda jornada vale o esforço.

Mesmo as trevas mais densas
para ti são como a luz ao meio-dia.
Não há nada que a ti
não esteja desvelado.
Esquadrinha meus pensamentos,
Desnuda minha alma,
desfaz minhas máscaras.

- Deus

Eu te sinto através dos meus versos
Quando me expresso
Na minha arte, na criatividade
Que é a minha maneira de existir
e pertencer ao mundo.
Se manifesta no meu cantar
Quando insisto e quando acredito
Que há mais além da estrada
Muito mais além daqui, do agora.
Eu te sinto, Deus, em tudo
Até quando se cala
Em mim reverbera
ainda reverbera tua voz.
Ela não chega como tempestade,
mas sim como brisa suave.
Não me fala sobre coisas passageiras
Ela me fala sobre a eternidade.

Ele contemplou aqueles sonhos
gerados em segredo,
sem espaço ou condições adequadas
para se desenvolverem.
Conhecê-lo foi o que me fez
finalmente encontrar a via
de uma vida diferenciada e espetacular.
Ele é a minha cura!

- Jesus

Me chamastes para ser sal.
Na medida certa para
dar sabor ao mundo.
Para prepará-lo e temperá-lo.
Que meu trabalho seja banquete
enchendo os teus olhos
e agradando o teu paladar.

Sal da Terra

Eu sempre tive muitos sonhos e muitas vontades.
A minha realidade era incompatível
com todos aqueles projetos.
Pensava grande e meu maior medo
era ter uma vida medíocre.
Por isso sempre fui atraída pelas histórias
de mulheres ousadas e audaciosas,
que de alguma forma faziam a diferença.
Acho que queria ser uma delas.
Queria ter a coragem de Frida Kahlo,
A sensibilidade de Cecília Meireles,
A imaginação de Márcia Frazão,
Escrever como Virginia Woolf,
Contestar como Pagu,
Descobrir como Marie Curie.
Ter a inteligência de minha vó,
a resiliência de minha mãe,
ou simplesmente celebrar ser mulher
por todas aquelas
que vieram antes de mim.

Não posso escrever o que as pessoas desejam ler, pois não sou nem o que elas desejam ser. Tampouco o que escrevo é o que eu gostaria de ler. Escrevo para desaguar, para desatar nós dentro de mim. Escrevo o que não tenho coragem de expressar ou de encarar. Escrevo o que não é esperado, o que não se anseia, o que se evita, o que não se comenta ou propaga. Eu deixo tudo isso vir à tona para que o mesmo não me asfixie nem me absorva. Preciso que os medos escoem por algum canto, preciso despejar as iras e as mágoas. Assim vou iluminando as sombras e encarando os pavores. Para isso, nós, reflexivos e solitários, utilizamos a poesia. Que é a ferramenta desses que não se adaptaram ao mundo tal como ele é. Nem nunca poderão fazê-lo.

Um dia ainda escreverei sobre amor e sobre amar...

Ainda há muitas páginas em branco.
Tantas linhas para serem preenchidas.
Ainda há muitas histórias esperando para serem vividas,
Segredos a serem revelados
e mistérios para serem desvendados.
Não pararei até ter transcrito toda minha narrativa.
Me perdoem, mas, faltaram muitos detalhes
talvez até os mais importantes.
Todavia, sempre haverá o que contar...
Enquanto houver sonho e esperança
enquanto eu insistir *envers et contre tout.*

POEMAS
PARA CONTESTAR

Medidas padrão

Estou cansada de me alimentar
dessa dieta de informação.
A todo custo querem me encaixar
e eliminar meus quilos de opinião.
A todo momento querem me alertar
de que estou fora da medida padrão
tenho que me acostumar
e perder minhas gramas de oposição.

Por que, tudo o que liberta,
incomoda ou foge as regras…
Tudo o que tem sabor,
é perigoso ou pode fazer mau?
Não coma tanta esperança,
se livre do excesso de razão…
para que tanta desconfiança?
Só queremos te conter nas medidas padrão.

Pensamento próprio engorda,
atitude demais para o coração.
Até quando vão nos empurrar
esse cardápio insano de subjugação.

Comunidade

Eu vivo amores comuns
com pessoas normais.
Beijos mornos, abraços gélidos
num mundo insosso.

E isso me faz sufocar
diante de tanta normalidade.
É normal ser comum?
Não, é comum ser normal.
Eu, como uma pessoa avessa às regras
Grito, clamo e imploro
Para que não me empurrem garganta abaixo
essa tal de comunidade.
Não me submetam à lei cruel do habitual!

Eu, que sou contestadora nata
Rebelo-me contra tudo
o que soa mecânico e igual.
Respiro o incomum,
anseio pelo inédito
acredito-me diferente
e vivo em transformação.

Impostura!

Eu adotei uma para sobreviver
a tudo aquilo que me frustra
a tudo aquilo que me agonia e dilacera.
Pois, quanto mais você acata
quanto mais você se encaixa
mais se mata algo dentro de si mesmo.
Se vão seus desejos, seus anseios
ou aquilo que se busca.
Nos momentos em que mais fui "eu"
foi quando me abalei, protestei e questionei.
Desestruturei velhos padrões e pensamentos.
Foi quando enfiei o dedo na garganta
e vomitei meus medos e minhas crises.
Gerados por esses que me tapam a boca
abafando o meu grito.
Basta! Preciso dizer?

Não, não me peçam pra cantar!
Não me peçam para entoar a voz
Em acordes melodiosos e notas perfeitas.
Não vou mais cantar, vou gritar.
Nao quero mais soar agradável e dócil aos ouvidos.
Quero causar estardalhaços,
Quero desafinar e sair do ritmo,
Vou interromper as performances,
Vou parar o show!
Tampouco quero aplausos ou assobios.
Quero reações, sentimentos.
Quero confronto e reflexão.
Não quero mais me ouvir só.
Sejamos todos grito, som e fúria!

A nossa humanidade vem queimando
na mesma velocidade e na mesma proporção
em que se queimam as florestas.
O fogo consome as árvores,
os animais e ecossistemas inteiros existentes ali.
Enquanto a indiferença e o descaso consomem tudo em nós,
tornando-nos terra infértil, sem proveito e sem vida.
Somos como árvores destruídas,
há muito derrubadas e cortadas pela raiz
sem nunca termos produzido sementes e frutos.

Direito de resposta

Não tente diminuir meus sentimentos por causa da sua incapacidade de compreendê-los.
Sim, eu amei intensamente. Não queira achar um motivo plausível pra isso nem se atreva a banalizar o meu amor.
Não defina o meu sentir, tampouco procure dar a ele os seus moldes, limitando-o segundo sua visão turva e equivocada.
Meus sentimentos são meus. Eles me definem, me alimentam, me impulsionam e me transformam. Eu amo e me permito amar em respeito e reverência a minha própria essência e em submissão a minha própria alma.
Portanto, não! Não diminua meus sentimentos pela sua incapacidade de correspondê-los.

Descaminhos

Não serei mais um ser mesquinho,
em busca da felicidade que alguém inventou.
Não seguirei mais por esse descaminho,
cheio de atalhos frustrados que alguém preparou.
Não terei mais medos, medo de falar ou medo de agir
Contarei histórias das estradas afora que um dia eu percorri.

Chega de descaminhar!
Tropeçar em mentiras,
cruzar com a ilusão.
Agora virarei à esquina
sem destino certo
Rumo à encruzilhada do meu coração.

Caro leitor,

Chegamos ao fim desse trecho da estrada. Atravessamos desertos, escalamos montes, cruzamos mares e desbravamos terras inexploradas. Sei que muitas vezes te incomodei ao longo do trajeto. Com as minhas inseguranças, com meus questionamentos e com minhas hesitações. Porém, juntos despertamos a tempo de evitar os perigos e as armadilhas do caminho. Contestamos algumas direções e contrariamos as coordenadas. Em certos momentos, o guia mais eficaz é a intuição. O mapa mais certeiro é aquele impresso em nossas almas. Espero que tenha aproveitado a caminhada. Apesar das dificuldades, nunca se esqueça de contemplar as paisagens nem as pessoas que conhecerá em suas peregrinações. Em cada uma delas reside a pista que te guiará até sua próxima parada. Fique atento às mensagens que surgirão quando menos espera.

Até a próxima jornada.

editoraletramento
editoraletramento
grupoletramento

editoraletramento.com.br
company/grupoeditorialletramento
contato@editoraletramento.com.br

casadodireito.com   casadodireitoed   casadodireito

Grupo
Editorial
LETRAMENTO